BEI GRIN MACHT SICH IHR WISSEN BEZAHLT

- Wir veröffentlichen Ihre Hausarbeit,
  Bachelor- und Masterarbeit

- Ihr eigenes eBook und Buch -
  weltweit in allen wichtigen Shops

- Verdienen Sie an jedem Verkauf

Jetzt bei www.GRIN.com hochladen und kostenlos publizieren

Künstliche Intelligenz in der Medizin: Apple Watch als Gesundheitsbegleiter

Bibliografische Information der Deutschen Nationalbibliothek:

Die Deutsche Nationalbibliothek verzeichnet diese Publikation in der Deutschen Nationalbibliografie; detaillierte bibliografische Daten sind im Internet über http://dnb.d-nb.de abrufbar.

ISBN: 9783346556769
Dieses Buch ist auch als E-Book erhältlich.

© GRIN Publishing GmbH
Nymphenburger Straße 86
80636 München

Druck und Bindung: Books on Demand GmbH, Norderstedt Germany
Gedruckt auf säurefreiem Papier aus verantwortungsvollen Quellen

Das Buch bei GRIN: https://www.grin.com/document/1159449

Hausarbeit

Künstliche Intelligenz in der Medizin
Apple Watch als Gesundheitsbegleiter

Inhaltsverzeichnis

1.   Einleitung

In Hinblick auf unsere wachsende Gesellschaft und der Künstlichen Intelligenz als Kontroll-linstanz für persönliche Bedürfnisse haben sich im Laufe der Jahre immer mehr »Gesund-heitsgadgets« entwickelt, die uns Menschen im Alltag begleiten sollen. So beispielsweise die Apple Watch als Gesundheitsbegleiter, die Herzfrequenzen messen und unsere Schrittzahl zählen soll. Zu diesem Anlass habe ich mir die Frage gestellt: Inwiefern kann ein Gesund-heitsbegleiter wie die Apple Watch ein Leben bereichern und unterstützen.

1.1 Problemstellung, Zielsetzung und Forschungsfrage

Die vorliegende Hausarbeit setzt sich mit den Auswirkungen der Apple Watch als Gesund-heitsbegleiter in Bezug auf unseren Alltag als auch der Prävention und der Nachsorge im Ge-sundheitswesen auseinander. Im Besonderen stehen die Gesundheitsfunktionen der Apple Watch und die Auswirkungen auf unser Leben und unserer Daten im Fokus. Des Weiteren werden mögliche Folgen eines Datenüberflusses in Bezug auf Ethik und Werte beschrieben.

Das Ziel dieser Hausarbeit ist es, die medizinische Relevanz der Apple Watch zu präsen-tieren und zu diskutieren. Dieses Ziel wird mittels einer ausführlichen Analyse von KI und der Apple Watch in der Medizin sowie einer Expertenabfrage erfüllt.

1.2 Vorgehensweise

Zunächst werden in Kapitel zwei die grundlegenden Begriffe der Künstlichen Intelligenz er-läutert. Kapitel drei folgt mit der Definierung der Künstlichen Intelligenz in der Medizin und speziell den Funktionen der Apple Watch als Gesundheitsbegleiter. Kapitel vier fasst die Aus-wirkungen der Nutzung solcher Gesundheitsgadgets und allgemein die der Künstlichen In-telligenz in Bezug auf Ethik und Werte zusammen.

2. Was ist Künstliche Intelligenz?

Künstliche Intelligenz (KI) tritt in vielen Bereichen unseres Lebens auf und hat sich über die Jahre immer mehr zu unserem persönlichen digitalen Assistenten entwickelt. Dabei ist sie bereits in alltäglichen Dingen wiederzufinden wie in Sprachassistenten Siri, Alexa und Andere, in Übersetzungshilfen im Internet oder in der Gesichtserkennung zum Entsperren des Smartphones. Des Weiteren deckt die KI bereits Bereiche in der Medizin mit der Auswertung von Krankenakten, der Logistik mithilfe von Robotern sowie des autonomen Fahrens ab. Die größte Herausforderung der KI stellt jedoch die umfassende Nachbildung des menschlichen Gehirns dar.[1]

Dass Maschinen noch einen weiten Weg haben werden, um die dem Menschen angeborenen und erlernten Intelligenzen in ihrer Gesamtheit abzudecken, zeigt der multiple Intelligenzansatz von Howard Gardner. In seinem Buch »Frames of Mind: The Theory of Multiple Intelligences« stellt Gardener die Theorie auf, dass die menschliche Intelligenz weit über klassische Intelligenztests hinausragt und bestimmt acht Intelligenzen, die jeder Mensch besitzt und trainieren kann.[2]

---

[1] Vgl. Kreutzer/Sirrenberg, 2019, S. 1.
[2] Vgl. Gardner, 2011.

In Abb. 2.1 sind die, von Gardner bestimmten, acht Intelligenzen zu sehen.

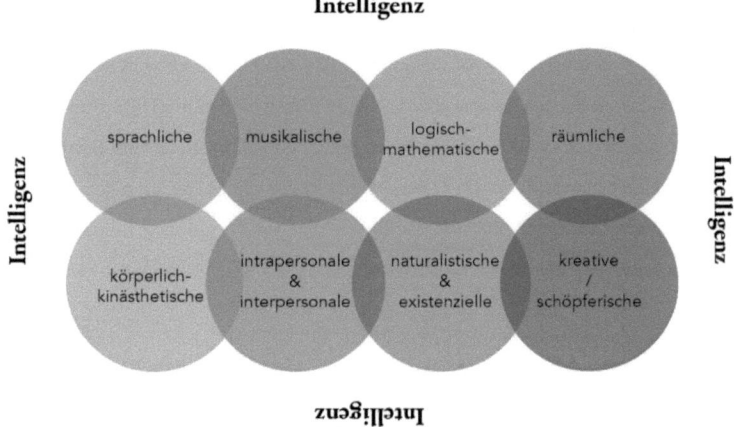

Abb. 2.1 *Multiple Intelligenzen nach Howard Gardner* (Quelle: Eigene Darstellung)

2.1 Der Kern der Künstlichen Intelligenz

KI umfasst zwei Bereiche. Diese Bereiche sind zum einen die Erforschung, wie intelligentes Verhalten Probleme lösen kann und zum anderen wie daraufhin Systeme entwickelt werden können, die intelligente Lösungen erzeugen. Hier beschränkt sich die Herangehensweise nicht auf die menschlichen Fähigkeiten ein Problem zu lösen. Vielmehr sollen Ergebnisse gefunden werden, die außerhalb des menschlichen Lösungsraums liegen, um so Lösungen mit einem KI-System zu erreichen.[3]

Kern der KI ist Software. Diese ist so programmiert, dass sie kognitive Aufgaben ausführen und mit dem menschlichen Verstand verbinden kann. Kreutzer und Sirrenberg sagen: »Dazu gehören die Möglichkeit zur Wahrnehmung sowie die Fähigkeit zur Argumentation, zum selbstständigen Lernen und damit zum eigenständigen Finden von Problemlösungen.«[4] Dabei

---

[3] Vgl. Kreutzer/Sirrenberg, 2019, S. 3.
[4] Kreutzer/Sirrenberg, 2019, S. 3.

bietet die KI drei Arten der Auswertung: 1. Description – die Beschreibung des »Ist«, 2. Prediction – die Vorhersage des »Wird« und 3. Presciption – die Empfehlung des »Was«. Auffällig ist, dass das KI-System besonders gut komplexe Rechensysteme auswerten kann. Dahingegen fallen dem KI-System Aufgaben wie Sprach- und Objekterkennung sowie das Erkennen des eigentlichen Sinns mancher Aufgaben um einiges schwerer.[5]

Das wichtigste Element für KI-Systeme sind neuronale Netze, die versuchen die neuronalen Netze des menschlichen Gehirns nachzubilden. Dabei findet eine parallele Verarbeitung der Informationen statt, die durch die Verknüpfung von Neuronen und speziellen Verarbeitungsfunktionen ermöglicht wird.[6] »Auf diese Weise können […] sehr komplexe, nicht-lineare Abhängigkeiten der Ursprungsinformation abgebildet werden.«[7]

Die Basis eines KI-Systems bilden große Datenmengen – auch Big Data genannt – mit denen das System zu Anfang gefüttert wird. Das neuronale Netzwerk orientiert sich am Aufbau des menschlichen Gehirns und verfügt daher über eine große Anzahl an Prozessoren, die in mehreren Schichten angeordnet sind. Als erste Schicht wird die Input-Layer bezeichnet, welche die Rohdaten erhält. Die nachfolgenden Schichten nennen sich Hidden-Layers, die den Output der vorhergehenden Schichten erhalten. Dabei verfügt jeder Verarbeitungsknoten, zwischen den Hidden-Layers, über einen eigenen Wissensbereich. Dies umfasst das Wissen und die Regeln, mit denen das System programmiert wurde sowie denen, die im Zuge des sogenannten Machine-Learnings ergänzend oder korrigierend erarbeitet wurden. Damit das System sich eigenständig entwickeln und lernen kann, kommen komplexe Algorithmen – auch Anweisungen – zum Einsatz, die eingegebene Daten in vordefinierter Form verarbeiten können. Wurde von dem KI-System eine Lösung gefunden, wird das Ergebnis über die sogenannten Output-Layer ausgegeben.[8]

Das KI-System kann mit verschiedenen Arten des Lernens »trainiert« werden. Beim Supervised Learning, kennt das System die richtigen Antworten bereits, muss die Algorithmen nur noch anpassen. Das Ziel ist hier schon bekannt und es kommen Methoden wie das Baumdiagramm zur Auswertung zum Einsatz. Wichtig ist hier, dass alle In- und Output-Daten für das System bereits definiert sein müssen. Dahingegen hat das Unsupervised Learning keine

---

[5] Vgl. Kreutzer/Sirrenberg, 2019, S. 3 f.
[6] Vgl. Kreutzer/Sirrenberg, 2019, S. 4.
[7] Kreutzer/Sirrenberg, 2019, S. 4.
[8] Vgl. Kreutzer/Sirrenberg, 2019, S. 5 f.

vordefinierten Zielwerte und muss das Muster der Daten eigenständig erkennen. Dem System werden unbeschriftete Daten zur Verfügung gestellt, welche es anhand von Merkmalen eigenständig vergleichen und zuordnen muss. Das Ergebnis kann also außerhalb der menschlichen Vorstellbarkeit liegen. Beim Reinforcement Learning liegt zu Beginn der Lernphase kein vordefinierter Lösungsweg vor. Durch einen iterativen Prozess muss das KI-System eigenständig Lösungswege ausprobieren und wird durch »Belohnung« und »Bestrafung« vorangetrieben. Diese Methode wird nur dann eingesetzt, wenn keine ausreichenden Trainingsdaten vorhanden sind und das Ergebnis vom Menschen nicht klar definierbar ist. Anders als bei den beschriebenen klassischen neuronalen Netzen kann das System beim Deep Learning eine größer Bandbreite an Datenmengen verarbeiten, ohne dass der Mensch das System zu Beginn mit vielen Daten füttern muss. Beim Deep Learning kommt eine viel größere Anzahl an neuronalen Schichten sowie ein hoher Einsatz von Optimierungsmethoden mit einer umfangreichen inneren Struktur vor. Diese können tiefliegende Muster und Korrelationen erkenne und mit vorhandenen Datenpunkten verbinden. Das System kann aus eigenen Erfahrungen lernen und neue Input-Daten in Relation zu den bereits vorhandenen Datensätzen bringen. Daher liefert das Deep Learning häufig genauere Ergebnisse als herkömmliche maschinelle Lernansätze.[9]

KI-Systeme müssen natürlich vertrauenswürdige und korrekte Ergebnisse generieren können. Ein Beispiel für das Gegenteil erklärt Folgendes: Ein KI-System soll ein Gerichtsurteil fällen. Auffällig ist, dass das Strafmaß für Menschen mit dunkler Hautfarbe deutlich höher liegt als bei Menschen mit heller Haut. Dem KI-System wurden Akten von früheren Fällen gezeigt, welche es auswerten und Muster erkennen soll. Die Auswertungen werden dann auf aktuelle Fälle angewandt. Diese Ergebnisse basieren jedoch auf der Geschichte und den Vorurteilen unserer vorangehenden Generationen, die nicht immer richtig waren und mit unserem heutigen Wertesystem oft nicht mehr übereinstimmen. Daher ist es zwingend notwendig, dass dem KI-System eine hohe Diversität an verlässlichen Datenquellen zur Verfügung gestellt wird, um Vorurteile und Stereotypen zu vermeiden.[10]

Zusammenfassend lässt sich sagen, dass der Kern der KI darin besteht, große Datenmengen zu verarbeiten, darin eigenständige Muster zu erkennen und auf deren Grundlage autonome

---

[9] Vgl. Kreutzer/Sirrenberg, 2019, S. 7 f.
[10] Vgl. Kreutzer/Sirrenberg, 2019, S. 11.

Entscheidungen bzw. Vorhersagen zu treffen. Dafür braucht das KI-System eine große Menge an Daten welche in neuronalen Netzen verarbeitet werden. Diese neuronalen Netze verfügen über eine hohe Anpassungsfähigkeit, was zu einer eigenständigen Verbesserung führt.[11] Die Verarbeitung erfolgt in verschiedenen Layern und kann durch Supervised Learning, Unsupervised Learning, Reinforcement Learning und Deep Learning vorangetrieben werden. KI ist bereits in vielen Bereichen unseres Alltags zu finden und erwartet ein stetiges Wachstum. Damit vertrauenswürdige Ergebnisse erzielt werden können, muss eine hohe Diversität sowie Qualität der Datenquellen gegeben sein. KI kann unsere Welt nachhaltig verbessern, muss jedoch mit großer Sorgfalt behandelt werden.

2.2 Big Data

Big Data bildet die Grundlage aller KI-Systeme. Übersetzt heißt der Begriff soviel wie ein »großer, qualifizierter Datenschatz«.[12] Big Data unterliegen folgende fünf Kriterien, auch die fünf Vs genannt. Als erstes Kriterium wird der Umfang der verfügbaren Datenmenge gemessen, auch Volume genannt. Dieser hat Auswirkungen auf die Breite und Tiefe der verfügbaren Daten. Das zweite Kriterium – Velocity – beschreibt die Geschwindigkeit, mit der Datensätze bearbeitet werden, beispielsweise wie schnell neue Daten erstellt, aktualisiert, analysiert oder gelöscht werden können. Variety gibt Auskunft über die Vielzahl der unterschiedlichen Datenformate – auch Datenquellen – die oft gleichzeitig verarbeitet werden müssen. Als viertes Kriterium bezeichnet man die Veracity, also die Qualität der Daten. Hier handelt es sich allein um den formalen Informationsgehalt, welcher in folgenden Dimensionen kritisiert werden kann. Zum einen in seiner Korrektheit, in seiner Vollständigkeit, in der Konsistenz sowie der Aktualität der Daten. Das fünfte und letzte Kriterium ist der Wert und die Relevanz der Daten – auch Value genannt. Diesen Kriterien lassen die Vertrauenswürdigkeit der Datenquellen bestimmen und stellen gleichzeitig die größte Herausforderung der KI dar.[13]

Die wichtigsten Datenquellen sind Dinge und Prozesse, die immer mehr Daten über einen Einsatz generieren. Beispiele dazu sind Streamingdienste wie Netflix und u.a., die neben der

---

[11] Vgl. Kreutzer/Sirrenberg, 2019, S. 9.
[12] Vgl. Kreutzer/Sirrenberg, 2019, S. 78.
[13] Vgl. Kreutzer/Sirrenberg, 2019, S. 79 f.

Nutzung ihrer Plattform eine Vielzahl an Daten über das Verhalten der Nutzer*innen generieren. Das kann die Art des gesehen Inhalts sein, aber auch der Zeitpunkt oder der Ort bis hin zur Information, bei welcher Szene der/die Zuschauer*in den Streaming-Vorgang abgebrochen hat. WhatsApp entnimmt den Nutzer*innen Informationen wer, wann, von wo aus und mit wem wie lange kommuniziert hat. Auch Google erhält, neben den Schwerpunkten der Suche, Informationen, von welchem Gerät, in welcher Intensität und mit welchem Outcome wie lange gesucht wurde. Diese Informationen werden auch digitaler Schatten genannt, den wir zwangsläufig bei jeder Benutzung von Online-Aktivitäten hinterlassen. Es gilt, je mehr Informationen über ein*en Konsument*in, ein Unternehmen oder einem/einer Entscheidungsträger*in bekannt sind, desto gezielter können Angebote platziert werden.[14]

Doch natürlich kommen auch kritische Stimmen auf. So bezeichnet die Professorin Shoshana Zuboff der Harvard Business School Big Data als Überwachungskapitalismus. Denn die relevanten Daten werden durch die Überwachung von menschlichem Verhalten gewonnen, woraufhin Prognosen zu einem bestimmten erwarteten Verhalten aufgestellt werden. Diese Prognosen werden dann an große Internetfirmen verkauft und so schnell in Kapital umgewandelt. Zuboff behauptet außerdem, dass wir kaum noch Kund*innen und Angestellte sind, sondern in erster Linie Informations- und Datenquellen eines Apparates, dessen Funktionsweisen uns weitestgehend verborgen bleiben.[15] So erklärt auch die Datenschutz-Grundverordnung in Europa, dass eine umfassende Datennutzung durch Unternehmen unterbunden bzw. eingeschränkt werden können.[16]

Big Data bezeichnet also einen enorm großen qualifizierten Datensatz, der den Grundbaustein von KI-Systemen darstellt. Mithilfe der fünf Vs kann sichergestellt werden, dass die Daten zuverlässig sind. Unternehmen und Dienstleister*innen generieren eine Vielzahl von Informationen ihrer Nutzer*innen, die von Algorithmen ausgewertet werden. So können bspw. Angebote genauer und zielgerechter platziert werden. Neben den Vorteilen die Big Data mit sich bringt, gibt es jedoch auch eine Kehrseite der Medaille, weshalb das Thema »Big Data« mit Sensibilität und Sorgfalt zu behandeln ist.

---

[14] Vgl. Kreutzer/Sirrenberg, 2019, S. 81 ff.
[15] Vgl. Kreutzer/Sirrenberg, 2019, S. 83 f.
[16] Vgl. Kreutzer/Sirrenberg, 2019, S. 82.

2.3 Die Ziele der Künstlichen Intelligenz

Das einfache Ziel der KI liegt in der maschinellen Nachbildung der menschlichen Intelligenz. Dabei versucht die KI mithilfe von Technik menschliches Denken und Auftreten zu imitieren und damit soziale und ökonomische Vorteile zu erreichen. Verbesserte Algorithmen und eine höhere Datenverfügbarkeit führen zu einem verbesserten Service und zugleich zu gleichen oder niedrigeren Kosten. Technisch sind der KI dabei kaum Grenzen gesetzt, weshalb die Grenzen durch ethische Normen festgelegt werden müssen.[17]

Bei der Definition der KI-Ziele muss die KI zunächst in zwei Ansätze unterteilt werden. Zum einen gibt es die schwache KI, die die Ausführung von Aufgaben mindestens auf menschlichem Niveau anstrebt. Hier geht es um das Lösen komplexer Sachverhalte und darum, Probleme besser zu lösen als es die menschlichen Fähigkeiten erlauben. Des Weiteren kann eine starke KI definiert werden, die sich darauf bezieht, menschliche Fähigkeiten durch Technologien in vielen Bereichen unseres Lebens nachzubilden und zu optimieren. Eine Intelligenz, die die Grenzen menschlichen Denkens, Fühlens und Handelns überwindet wäre der Inbegriff der starken KI.[18]

Um die oben genannten Ziele zu erreichen, werden zwei Prozessen unterschieden. Ein noch hypothetischer Prozess ist das sogenannte Uploading. Hier wird die Gesamtheit des menschlichen Bewusstseins auf einen leistungsstarken Computer übertragen – auch transferiertes Bewusstsein genannt. Dies umfasst also die gesamte Persönlichkeit inklusive allen Erinnerungen, Erfahrungen und Emotionen eines Menschen. Ein weiterer Prozess ist das Upshifting. Hier vollzieht sich der Prozess inkrementell, indem Neuronen des menschlichen Gehirns nach und nach durch ein elektronisches Pendant ersetzt werden. Beide Prozesse zielen auf das gleiche Ergebnis ab, lediglich der Weg, der zum Ziel führt, unterscheidet sich. Die beiden Prozesse können auch mit dem Begriff Transhumanismus beschrieben werden. Dabei handelt es sich um die biologische Erweiterung des Menschen mithilfe von Computern. Dieser Begriff kann anhand eines Beispiels erklärt werden: Es ist allzeit bekannt, dass KI eine große Rolle in der Medizin spielt. Allein schon eine Prothese fungiert als Form der Erweiterung oder des Ersatzes von beeinträchtigten oder nicht mehr vorhandenen Körperteilen. So

---

[17] Vgl. Kreutzer/Sirrenberg, 2019, S. 16 ff.
[18] Vgl. Kreutzer/Sirrenberg, 2019, S. 20.

sollen auch mithilfe von neurotechnologischen Implantaten im Gehirn, bestimmte Hirnare-
ale autonom stimuliert und Krankheiten wie Parkinson, Epilepsie oder psychische Erkrankungen wie Depressionen behandelt werden können. Bei derartigen Eingriffen gehen Fragen
wie – Wie viel Transhumanismus wird in der Forschung bereits angewandt? Oder welche
Auswirkungen haben solche Eingriffe auf das Gehirn und was bedeutet das für unsere Gesellschaft? – einher.[19] Transhumanismus verdeutlicht, dass die Grenzen der KI heute nicht mehr
allein in der Technologie liegen. KI-Kritiker*innen weisen daher auf Gefahren wie die technologische Singularität hin. Diese sogenannte technologische Singularität kennzeichnet den
Zeitpunkt, an dem sich Maschinen durch KI-Anwendungen in einem Ausmaß vorantreiben,
ab dem eine Prognose der Zukunft des Menschen nicht mehr vorhergesagt werden kann.
Auch wenn es nicht absehbar ist, wann welche Entwicklungen zu erwarten sind bzw. eine
technologische Singularität erreicht wird, so sind Definitionen ethischer Ziele zwingend notwendig, um im möglichen Eintreten einer technologischen Singularität Grenzen zu setzten.[20]

Hinsichtlich der Entwicklung der KI müssen immer wieder soziale, politische, ökologische
sowie ökonomische Aspekte beachtet werden. Kreutzer und Sirrenberg stellen sich die Frage:
»Was aber passiert, wenn das KI-System feststellt, dass die einprogrammierten Werte den
relevanten Lösungsraum stark einschränken und eine vermeintlich ›beste‹ Lösung verhindert? Kann das System die Werte selbstständig weiterentwickeln und damit verändern?«[21]
Um diese Fragen beantworten zu können, muss im Vorfeld festgelegt werden, bis zu welchem
Grad die KI selbstständig Entscheidungen fällen kann und wo die Kontrolle des Menschen
unverzichtbar ist.[22]

Es lässt sich also schließen, dass die KI nicht nur auf die bloße Imitation menschlicher
Intelligenz aus ist. Sie bezeichnet auch Ausführungen von Tätigkeiten, zu denen der Mensch
bislang nicht fähig ist. Dabei wird die KI in schwache und in starke KI unterteilt. Das Ziel der
schwachen KI ist es, menschliche Fähigkeiten auf demselben oder einem etwas höherem Niveau zu erreichen. Die starke KI hingegen hat das Ziel menschliche Fähigkeiten, durch den
Einsatz von Technologie in nahezu allen Bereichen unseres Lebens, zu erlernen. Entwicklungen zur starken KI werden in die zwei Prozesse Uploading und Upshifting geteilt. Dabei kann

---

[19] Vgl. Kreutzer/Sirrenberg, 2019, S. 22.
[20] Vgl. Kreutzer/Sirrenberg, 2019, S. 23.
[21] Kreutzer/Sirrenberg, 2019, S. 24.
[22] Vgl. Kreutzer/Sirrenberg, 2019, S. 25.

es bei der Entwicklung zur starken KI zu Phänomenen wie der technologischen Singularität oder des Transhumanismus kommen. Daher müssen globale ethische Einigungen getroffen werden.

2.4 Einsatzfelder der Künstlichen Intelligenz

Die Einsatzfelder der KI lassen sich in vier Bereiche aufteilen, wobei auffällt, dass sie immer mehr miteinander verschmelzen und häufig Mischformen in KI-Anwendungen auftreten. Folgende Einsatzfelder lassen sich definieren. Das erste Einsatzfeld bildet die Sprachverarbeitung. Hier erfasst, verarbeitet und beantwortet ein KI-System Fragen oder Aufgaben in natürlicher Sprache. Die Bildverarbeitung ist für die Erfassung, Speicherung und Bearbeitung von Bildern zuständig. Expertensysteme hingegen lassen sich oft in komplexen Sachverhalten wiederfinden, in denen »Expert*innen« gefragt sind. So erfassen, sichern und verarbeiten Expertensysteme unterschiedliche Informationen und stellen Empfehlungen oder Handlungsanweisungen auf. Das letzte Einsatzfeld bildet die Robotertechnik. Dies sind mechanische, computergesteuerte Systeme, die eine Vielzahl von unterschiedlichen Aufgaben ausüben und zum Teil autonome Entscheidungen treffen können. Werden alle Einsatzfelder betrachtet so fällt auf, dass die Robotertechnik am häufigsten eingesetzt wird. Darauf folgen die Sprachverarbeitung und die Expertensysteme und zu guter Letzt die Bildverarbeitung.[23]

2.4.1 Expertensysteme

Bei Expertensystemen handelt es sich um Computerprogramme, die Menschen bei der Lösung komplexer Sachverhalte bzw. Fragestellungen unterstützen. Dabei fungiert das Expertensystem wie ein*e menschlicher Expert*in und arbeitet aufgrund vorprogrammiertem Expertenwissen. Das bedeutet, dass Expertensysteme in ihrem Problemlösungsverhalten mit den Leistungen menschlicher Expert*innen verglichen werden können oder diese sogar in ihrer Leistung übertreffen. Dafür sind Expertensysteme mit einer Inferenzmaschine ausgestattet, die entscheidet, wann und in welcher Reihenfolge oder Form die Regeln zur Lösung eines Problems herangezogen werden. Expertensysteme werden oft in der Medizin eingesetzt und unterstützen bspw. diagnostische Prozesse. Zentrale Merkmale von Expertensystemen bilden

---

[23] Vgl. Kreutzer/Sirrenberg, 2019, S. 27.

die Wissensbasis, die auf gesammeltem Expertenwissen basiert, die Einschränkung auf ein bestimmtes Fachgebiet, das Ziehen eigener Schlussfolgerungen und Handlungsempfehlungen sowie das Generieren von neuem Wissen als auch die Erläuterung, wie eine Lösung zustande gekommen ist.[24]

Das wichtigste Ziel ist hierbei, den Menschen in einem definiertem Fachbereich bei der Lösung von Problemen zu unterstützen, wenn beispielsweise nicht genügend Expert*innen verfügbar sind, Expert*innen von Routineaufgaben entlastet werden sollen oder zentralbasiertes Expertenwissen benötigt wird. Eine unmittelbare Bereitstellung von Lösungen kann in kritischen Situationen die Qualität eines Produktes oder einer Dienstleistung verbessern. Zu den typischen Aufgabenstellungen eines Expertensystems gehören die Interpretation von Daten durch den Vergleich von Soll- und Ist-Werten, der Klassifizierung von Ereignissen, der Konfiguration komplexer Systeme, dem Erkennen von Fehlerursachen und Reduzierung dieser, der Beseitigung kritischer Zustände durch das Einleiten von bestimmten Aktionen, der Planung einer Abfolge von Aktionen, um ein bestimmtes Ziel zu erreichen, der dialogorientierten und fachspezifischen Beratung von Menschen und der Vorhersage von Ereignissen auf Basis bestimmter Geschehnisse. Dabei wird das komplette problembezogene Wissen in der Wissensbasis gespeichert, die sich in generisches Wissen und fallbezogenes Wissen unterteilen lässt. Auf Basis dieses Wissens generiert der Inferenzmotor Problemlösungen und verknüpft hierzu Fakten und Regeln um Schlussfolgerungen ziehen zu können. Die Wissenserwerbskomponente ermöglicht die Erweiterung der Wissensbasis. Es lassen sich also neue Fakten und Regeln in das vorhandene Wissen hinzufügen. Darüber hinaus prüft die Wissenserwerbskomponente die Vollständigkeit des bereits gespeicherten Wissens. Zum Bearbeiten von Problemen kommen drei verschiedene Systeme zum Einsatz. Fallbasierte Systeme suchen bei einer bestimmten Problemstellung nach ähnlichen Fällen, die zu der Problembearbeitung auf die Lösung des aktuellen Falls zugezogen werden. Dahingegen arbeiten regelbasierte Systeme mit der vorgegebenen Wenn-dann-Regel und finden Lösungen, durch das Finden und Anwenden der zur Problemstellung passenden Regeln. Das klassifizierte System generiert eigene Lernprozesse mithilfe eines klassischen Entscheidungsbaums.[25]

---

[24] Vgl. Luber/Litzel, 2019.
[25] Vgl. Luber/Litzel, 2019.

Expertensysteme kommen also zum Einsatz, wenn in komplexen Sachverhalten eines eingegrenzten Themenbereichs nicht genügen Expert*innen vorhanden sind oder um Expert*innen von Routineaufgaben abzulösen. Zudem können Expertensysteme die Qualität einer Lösung sichern. Es fungiert dabei als beratende*r Assistent*in des Menschen, der/die mit selbstlernende Algorithmen arbeiten kann. Dabei benötigt ein Expertensystem eine Wissensbasis, einen Inferenzmotor und eine Wissenserwerbskomponente. Zum Bearbeiten komplexer Sachverhalte können drei verschiedene Systeme unterschieden werden: das fallbasierte System, das regelbasierte System sowie das klassifizierte System. Expertensysteme finden daher eine große Bedeutung in der Medizin.

3. Künstliche Intelligenz in der Medizin

Im Gesundheitswesen liegen bereits heute eine Vielzahl von KI-Anwendungen vor und die erreichbare Lebensqualität kann durch neue medizinische Entdeckungen mithilfe von KI verbessert werden. Dabei reicht die Bandbreite vom Analysieren von Patientenakten über Ergebnisse von Untersuchungen bis hin zu Wearables (Fitnessuhren) und Apps generierten persönlichen Gesundheitsdaten. Die KI findet ihre Einsatzfelder in der diagnostikunterstützenden Anwendung, diagnostikersetzenden Anwendung, therapieunterstützenden Anwendung und der thearpieersetzenden Anwendung. Probleme treten bei der Interpretation von medizinischen Notizen der Ärzt*innen und beim interdisziplinärem Transfer von Ergebnissen aufgrund des Datenschutzes auf. Außerdem bleiben die Auswertungsmöglichkeiten eines KI-Systems eingeschränkt, solange eine dezentralisierte Gesundheitsversorgung dominiert. Zudem erfordern KI-Systeme eine umfassende intensive Trainingsphase. Heute werden KI-Programme jedoch schon in rund 230 Krankenhäusern in der Diagnose und Therapie in der Onkologie eingesetzt. Das System bedarf trotzdem noch einer umfassenden Zufuhr an Daten und einer Analyse der Ergebnisse. Daher lässt sich annehmen, dass der Weg von einer diagnostikunterstützenden KI-Anwendung zu einer diagnostikersetzenden noch sehr weit ist.[26]

Interessante Ergebnisse lieferte die *Camelyon Grand Challenge 2016* zur Zusammenarbeit von Ärzt*innen und KI-Systemen. Hier wurde herausgefunden, dass die Ergebnisse in Zusammenarbeit von Mensch und Maschine deutlich besser sind als im Alleingang. Ein Team aus Harvard- und MIT-Forscher*innen entwickelte einen Deep-Learning-Algorithmus für die medizinische Feststellung von metastasiertem Brustkrebs. Der Pathologe übertrifft mit einer korrekten Vorhersage der Fälle von 96,6% die Maschine mit 92,5%. In einem darauf folgendem Test wurden die Vorsagen des/der Patholog*in und der Maschine kombiniert, was eine Treffergenauigkeit von 99,5% erzielte.[27] »Das entspricht einer 85-prozentigen Reduktion der Fehlerquote, wenn die Maschine unterstützt!«[28] Der/die Patholog*in kann besser einschätzen, dass jemand an Brustkrebs erkrankt ist, wohingegen die Maschine besser feststellen kann,

---

[26] Vgl. Kreutzer/Sirrenberg, 2019, S. 186 f.
[27] Vgl. Kreutzer/Sirrenberg, 2019, S. 187.
[28] Kreutzer/Sirrenberg, 2019, S. 186 f.

dass jemand kein Brustkrebs hat. Der Maschine fällt es schwerer, eine Situation mit Datenar-
mut auszuwerten, wohingegen der Mensch an einem schnellen und sicherem Auswerten eines sehr großen Datenvolumens scheitert. So können Mensch und Maschine gegenseitig auf
Entscheidungen und Beurteilungen aufbauen. Das heißt also, dass hier die Schwächen eines
»Individuums« gegenseitig ausgeglichen werden. Dies wird auch diagnoseunterstützende Anwendung genannt.[29]

Ein weiteres KI-Forschungsfeld beschäftigt sich mit der Entwicklung von digitalen Zwil-
lingen. Ein digitaler Zwilling ist eine virtuelle Darstellung von menschlichen Organen oder
des vollständigen Menschen selbst. Ziel ist es hier, richtige Behandlungsmethoden testen zu
können, ohne dabei den realen Menschen als »Versuchskaninchen« auszunutzen. So lassen
sich Prozesse von Vorsorge über Diagnose und Therapie bis zur Nachsorge simulieren. Eine
solche Anwendung ist diagnostik- und therapieunterstützend.[30]

Ein anderes KI-Anwendungsfeld versucht die Tiefen des menschlichen Gehirns zu ent-
schlüsseln. Ziel ist es, durch neue Erkenntnisse alternative Behandlungsmethoden für neuronale Erkrankungen zu entwickeln. Ein interdisziplinäres Expertensystem von Wissenschaft-
ler*innen strebt in dem Human-Brain-Project eine Weitergabe ihrer Ergebnisse durch eine
Medical Informatics Plattform an. Die Erkenntnisse kommen durch die Kombination von Patientendaten, dem Wissen der Neurowissenschaften und den Resultaten der klinischen Forschung zustande. Dabei sollte das Gehirn ursprünglich innerhalb von zehn Jahren durch einen Computer simuliert werden können. Was wir jedoch heute wissen ist, dass die Nachbildung bzw. Simulierung des menschlichen Gehirns durch eine Maschine die Forscher*innen
vor eine noch unüberwindbare Herausforderung stellt. Dahingegen kann das Human-Ge-
nome-Project bereits Ergebnisse liefern. So wurde 2003 das menschliche Genom mit einem
zeitlichen Aufwand von 13 Jahren und einem Kostenaufwand von 2,3 Mrd. US$ entschlüsselt.
Eine solche Analyse ist heute in einem Bruchteil der Zeit zu schaffen und kostet oft schon
weniger als 100 US$. Diese Erkenntnis kann durch Waerables und Apps unterstützt werden.
So kann ein individueller Gesundheitsstatus erstellt werden, der alle genetischen Veranla-
gungen umfasst und so z.B. individuelle Ernährungspläne erstellt oder eine individualisierte
Medikation inklusive Wirkung und Nebenwirkung optimal auf jeden einzelnen Organismus

---

[29] Vgl. Kreutzer/Sirrenberg, 2019, S. 187 f.
[30] Vgl. Kreutzer/Sirrenberg, 2019, S. 188.

abstimmt. Ein bekanntes Beispiel für einen erfolgreichen Gentest zeigt Angelina Jolie, die sich im Jahr 2013 beide Brüste amputieren lässt, da sie durch einen Gentest feststellen konnte, dass sie einem erheblichem Risiko an Brustkrebs zu erkranken ausgesetzt war. 2018 wurden in China menschliche Embryonen mithilfe der Gen-Schere so manipuliert, dass sie nicht mehr an AIDS erkranken konnten. Das an Menschen vorgenommene Experiment wurde im Zuge einer In-vitro-Befruchtung durchgeführt und wurde weltweit sehr kritisch diskutiert.[31]

Es gibt bereits Apps, die als persönlicher Gesundheitsberater fungieren. Sie messen die körperliche Aktivität, Gewicht, Alter, Ernährungsmuster oder Herzfrequenzen und vieles mehr. Daraufhin können beispielsweise Empfehlungen zu Ernährungs- bzw. Fitnessplänen vorgeschlagen werden. Des Weiteren gibt es Apps, die eine digitale medizinische Beziehung bei gängigen Krankheitssymptomen ermöglichen und über bestimmte Funktionen zur Terminierung einer weiterführenden medizinischen Behandlung führen kann. Apps können Patient*innen auch zu einer regelmäßigen Einnahme von Medikamenten erinnern, wie es häufig bei der täglichen Einnahme der Antibabypille der Fall ist.[32]

Die App »Cardiogramm«, die mithilfe der Apple Watch Unregelmäßigkeiten des Herzschlages erkennt, kann aus einer Kombination von Daten und Vorhersagen einen möglichen Herzinfarkt, vorhersagen. Um die Ergebnisse zu verbessern, sind Herzschlagdaten zusätzlicher Personen nötig, die gesammelt und verglichen werden. So soll verhindert werden, dass Menschen bedrohlich erkranken oder sogar sterben, weil sie nicht rechtzeitig die richtige Behandlung erhalten haben. Jedoch fehlen in vielen Gesundheitssystemen heute noch obligatorische Werkzeuge, um Testergebnisse in Echtzeit zu analysieren und den Patient*innen gegebenenfalls direkt zum richtigen Spezialist*innen zu verweisen.[33]

Ein Beispiel für therapieunterstützende Anwendungen stellt die KI-Chirurgie dar. Eine Studie zeigt, dass bei KI-gestützter Chirurgie fünfmal weniger Komplikationen auftreten als bei allein operierenden Chirurg*innen. Dabei unterstützt der Roboter den Menschen bei komplexen Eingriffen, indem der/die Arzt/Ärztin den Roboter aus der Nähe des OP-Tischs aus steuert. Grundlage ist eine dreidimensionale Abbildung des Operationsgebietes. Spezial-

---

[31] Vgl. Kreutzer/Sirrenberg, 2019, S. 189 f.
[32] Vgl. Kreutzer/Sirrenberg, 2019, S. 191.
[33] Vgl. Kreutzer/Sirrenberg, 2019, S. 193.

gebiete in der KI-Chirurgie sind die Urologie sowie die Lungen- und Bauchchirurgie. Zu erwarten sind Vorteile bei der Auswertbarkeit von Datenmengen und das Analysieren medizi-
nischer Voruntersuchungen sowie das Führen der Instrumente eines Chirurgen. So könnten
neue Operationstechniken entwickelt werden und eine 21-prozentige Verkürzung des Kran-
kenhausaufenthaltes erzielt werden. Außerdem wird so chirurgische Ineffizienz reduziert
und die Erkenntnisse können zum weiteren Verlauf der Patientenbehandlung und mit lang-
fristigen Gesundheitsergebnissen verknüpft werden.[34] »Dies setzt [jedoch] wieder einen ge-
schlossenen Patienten-Datenkreislauf voraus.«[35]

   Prozesse im Krankenhaus können zusätzlich durch virtuelle Pflegekräfte unterstützt werden. Dies reicht von der Interaktion mit Patient*innen bis zur Einweisung der Patient*innen.
Der/die Patient*in kann so ununterbrochen überwacht werden. Außerdem besteht eine mögliche Verbindung zu Gesundheits-Apps, was dazu beitragen könnte, dass Patientendaten aktualisiert werden können. Des Weiteren können Roboter in der Krankenhaus-Logistik eingesetzt werden. Dieser Einsatz kann zu einer Entlastung des Krankenhauspersonals in Routineaufgaben führen. So können sich Ärzt*innen und Pflegepersonal auf Aufgaben fokussieren,
bei denen sie unverzichtbar sind, wie z.B. beim mitfühlendem Gespräch mit den Patient*innen.[36] Die Relevanz des Arzt-Patientengesprächs darf nicht vernachlässigt werden. Reines
Fachwissen wird zunehmend an Bedeutung verlieren und Ärzt*innen, die kein hohes Maß
an Empathie und Kommunikationsfähigkeit aufbringen können oder wollen, machen sich
irgendwann in Zukunft überflüssig.[37]

   Durch KI-Anwendungen können viele Vorteile errungen werden. Alles steht und fällt jedoch mit der verfügbaren Datenmenge. Der Status quo in Deutschland zeigt, dass die Poten-
ziale für KI-Anwendungen im Gesundheitswesen bei weitem noch nicht ausgeschöpft sind.[38]
»Das Angebot an entsprechenden Leistungen entwickelt sich dynamisch. Bereits heute gibt
es über 100.000 Gesundheits-Apps.«[39] Machen Wearables und Apps die Zukunft des Gesundheitswesen aus? Oder wollen wir überhaupt eine solche Transparenz über jedes Individuum,
um ein optimales Leben führen zu können? Werden wir durch zu viele Vorsichtsmaßnahmen

---

[34] Vgl. Kreutzer/Sirrenberg, 2019, S. 193.
[35] Kreutzer/Sirrenberg, 2019, S. 193.
[36] Vgl. Kreutzer/Sirrenberg, 2019, S. 193 ff.
[37] Vgl. Kreutzer/Sirrenberg, 2019, S. 198.
[38] Vgl. Kreutzer/Sirrenberg, 2019, S. 197.
[39] Kreutzer/Sirrenberg, 2019, S. 197.

blind für die positiven Dinge? Es besteht die Gefahr einer Überversorgung durch eine Übertherapie. Sowohl eine Überinformation als auch eine Unterinformation werden negative Auswirkungen haben. Allerdings dürfen wir den Startschuss für den KI-Einsatz nicht verpassen.[40]

3.1 Apple im Gesundheitswesen

Im Bezug auf KI und das Gesundheitswesen ist Apple ganz vorne mit dabei. Apple behauptet selber, mit ihrer Technologie – Apps auf iPhone und iPad – Krankenhäusern zu helfen, effektiver zu arbeiten, aus der Distanz mit Patient*innen in Verbindung zu bleiben und »bahnbrechende« medizinische Forschungen durchzuführen. So soll das Krankenhauspersonal zu jeder Zeit auf die Patienten- und Gesundheitsdaten zugreifen können und somit eine effizientere, persönlichere und menschlichere Betreuung gewährleisten. Apple stellt seine Dienste auch zur Hilfe bei der Medikation von Patient*innen zu verfügung und will so zu mehr Sicherheit beitragen. Während des Klinikaufenthalts können Patient*innen mit dem Krankenhauspersonal in ständigem Kontakt bleiben und bleiben so stets über ihre Behandlung informiert. Auch zu Hause können die Patient*innen über iOS Apps mit ihrem Behandlungsteam in Kontakt bleiben und ihre eigene Gesundheit über Apps verwalten. Dabei sollen Apps, die kompatibel mit iPhone, Apple Watch, Health App sowie HealthKit sind, den Patient*innen helfen, ihre Gesundheitsdaten einfach zu erfassen und mit dem Behandlungsteam zu teilen.[41] »Mitteilungen zur Herzfrequenz, zu unregelmäßigem Herzrhythmus und die EKG App auf der Apple Watch können helfen, [Patient*innen] rechtzeitig zu warnen, dass eine nähere Untersuchung erforderlich sein könnte.«[42] Mit ResearchKit können Apps von medizinischen Forscher*innen entwickelt werden und damit ihre Studien öffentlich zugänglich machen. ResearchKit erleichtert es, Teilnehmer*innen anzumelden, Einwilligungen einzuholen und medizinische Daten zu sammeln.[43]

---

[40] Vgl. Kreutzer/Sirrenberg, 2019, S. 190.
[41] Vgl. Apple: Healthcare, (o.J.)
[42] Apple: Healthcare, (o.J.)
[43] Vgl. Apple: Healthcare, (o.J.)

3.1.1 Apple Watch als Gesundheitsbegleiter

Als näherer Untersuchungsgegenstand dient die Apple Watch in dieser Hausarbeit. Diese wird mit ihren gesundheitsunterstützenden Funktionen im Folgenden analysiert und dargestellt. »Von der Herzfrequenz bis zum Menstruationszyklus – Apps und Produkte für deine Gesundheit können dir Einsicht in einige deiner persönlichsten Daten geben.«[44]

Laut Apple soll die Apple Watch Patient*innen helfen, früher Warnzeichen zu erkennen und zum schnellen Handeln anregen. Dabei verfügt die Apple Watch über etliche Gesundheits-Apps, die Teile des Lebensstils des/der Nutzer*in aufzeichnen. Ein Faeture der Apple Watch sind die Mitteilungen zur Herzfrequenz. Hier achtet die Apple Watch im Hintergrund auf ungewöhnlich hohe oder niedrige Herzfrequenzen, die ernste Erkrankungen frühzeitig erkennen können. Sobald der/die Nutzer*in zehn Minuten inaktiv ist und die Herzfrequenz über 120 bpm oder unter 40 bpm liegt, erhält er/sie eine Mitteilung. Die bpm-Schwelle kann jedoch auch jederzeit angepasst werden. Zusammen mit Datum und Uhrzeit können die Herzfrequenz-Mittteilungen in der Health App auf das iPhone gesendet werden.[45]

Eine weitere Funktion bilden die Mitteilungen zum Herzrhythmus. Auch hier werden im Hintergrund unregelmäßige Herzrhythmen geprüft, die auf Vorhofflimmern hinweisen können. Das Feature zur Erkennung von Herzrhythmusstörungen kann jedoch nicht nicht alle Fälle von Vorhofflimmern erkennen, sondern dem/der Nutzer*in lediglich einen frühzeitigen Hinweis geben, einen Arzt aufzusuchen. Auch hier werden die Daten mit Uhrzeit und Datum in der Health App erfasst.[46] »Das Feature ›Mitteilungen bei unregelmäßigem Herzrhythmus‹ ist CE-zertifiziert und wurde für Benutzer*innen über 22 Jahre ohne AFib [(Vorhofflimmern)] in der Anamnese in bestimmten EU Ländern freigegeben.«[47]

Die EKG App zeichnet die elektrischen Impulse, die das Herz schlagen lassen, in Form eines Elektrokardiogramms aus und ermittelt anhand dieser Impulse die Herzfrequenz. Zudem wird geprüft, ob die oberen Kammern (Vorhöfe) und die unteren Kammern (Ventrikel) des Herzens regelmäßig schlagen.[48] Mit der EKG App können Nutzer*innen zu schnelle oder

---

[44] Vgl. Apple: Privacy, (o.J.)
[45] Vgl. Apple: Healthcare Apple Watch, (o.J.)
[46] Vgl. Apple: Healthcare Apple Watch, (o.J.)
[47] Apple: Healthcare Apple Watch, (o.J.)
[48] Vgl. Apple: HT208955, (o.J.)

aussetzende Herzschläge erfassen oder Mitteilungen bei unregelmäßigem Herzrhythmus erhalten. Die Ergebnisse können zwischen Sinusrhythmus, Vorhofflimmern, Vorhofflimmern mit hoher Herzfrequenz oder einer uneindeutigen schlechten Aufzeichnung klassifiziert werden.[49]

Eine weitere Funktion, die die Apple Watch bietet, ist die Sturzerkennung. Tritt ein (vermeintlicher) Sturz ein, erscheint eine Mitteilung. Der/die Nutzer*in kann entweder selbst einen Notruf starten, oder die Meldung schließen. Reagiert der/die Nutzer*in nach etwa einigen Minuten nicht, so wird ein automatischer Notruf gestartet und die Notfallkontakte des/der Nutzer*in erhalten eine Mitteilung.[50]

Der Notfallpass ermöglicht es Ersthelfer*innen und Mitarbeiter*innen der Notfallaufnahme medizinische Informationen über den/die Patient*innen zu erhalten. Diese können auf dem Sperrbildschirm des iPhones oder der Apple Watch eingesehen werden, ohne dafür einen Code zu benötigen. Nutzer*innen können hier mögliche Allergien, Medikamente, Erkrankungen, Notfallkontakte sowie Wünsche bezüglich einer Organspende eintragen, indem sie den Notfallpass in der Health App auf ihrem iPhone einrichten.[51]

Die neue Apple Watch Series 6 soll sogar den Blutsauerstoffgehalt des Körpers Messen können. Außerdem können Fitness- und Schlafdaten gemessen werden. [52]

3.1.2 Technische Voraussetzungen

Zur größten technischen Voraussetzung gehört es, zusätzlich zu einer Apple Watch, ein iPhone 6 oder höheres Modell zu besitzen. Hier können individuelle Einstellungen vorgenommen werden und Daten koordiniert werden. Doch um genaue Messungen des Gesundheitszustandes aufzunehmen bedarf es einer komplexen Technologie und Sensorik, welche im Folgenden erläutert wird.

Um Herzfrequenzen oder ein EKG aufzunehmen, nutzt die Apple Watch eine Technologie, die als Photoplethysmographie bezeichnet wird. Komplizierter Name, einfaches Prinzip. Die Technologie basiert auf der einfachen Tatsache, dass Blut rot ist, da es rotes Licht reflektiert

---

[49] Vgl. Apple: Healthcare Apple Watch, (o.J.)
[50] Vgl. Apple: Healthcare Apple Watch, (o.J.)
[51] Vgl. Apple: Healthcare Apple Watch, (o.J.)
[52] Apple: Apple Watch Series 6, (o.J.)

und grünes Licht absorbiert. Daher kann die Apple Watch mithilfe grüner LED-Anzeigen und lichtempfindlichen Fotoioden die Menge an Blut erfassen, die zu einem bestimmten Augenblick durch das Handgelenk fließt. Die Absorption des grünen Lichts ist zum Zeitpunkt des Herzschlages stärker, da gleichzeitig die Durchblutung stärker ist, als zwischen den Herzschlägen. Dabei arbeiten die LEDs hunderte Male pro Sekunde und können so berechnen, wie oft das Herz pro Minute schlägt, woraus sich dann die Herzfrequenz ergibt. Der optische Herzsensor kann einen Bereich zwischen 30 und 210 Schlägen pro Minute messen. Außerdem kann der optische Herzsensor mit Infrarotlicht arbeiten. In diesem Modus wird die Herzfrequenz im Hintergrund gemessen und soll als Grundlage für Herzfrequenz-Mitteilungen dienen. Darüberhinaus verfügt die Apple Watch (Series 4 bis Series 6) über integrierte Elektroden in der Digital Crown – seitlich der Apple Watch angebracht – sowie an der Rückseite der Apple Watch, die mit der Herzfrequenz-App oder der EKG-App die elektrischen Signale deines Herzens erfassen. Indem ein Finger auf die Digital Crown gelegt wird, schließt sich der Stromkreis zwischen dem Herzen und beider Arme, woraufhin elektrische Impulse in der Brust erfasst werden können. Diese Methode ist genauer als die Sensoren auf der Unterseite der Apple Watch. Mit dem elektrischen Herzsensor kann auch ein EKG mit der EKG-App aufgezeichnet werden.[53]

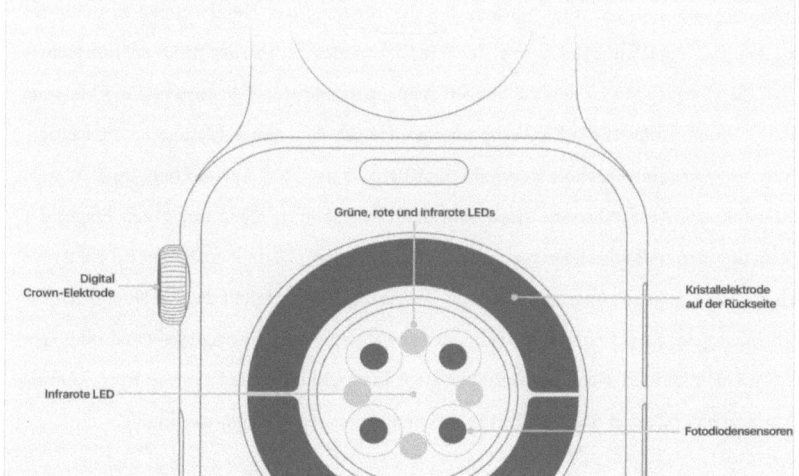

Abb. 3.1 Apple Watch Sensoren (Quelle: Apple: HT204666, (o.J.))

---

[53] Vgl. Apple: HT204666, (o.J.)

Über das Messen von Herzfrequenzen und EKGs kann die Apple Watch auch Stürze erkennen. Dafür soll sie einen Beschleunigungssensor und einen Gyrosensor verwendet, die Kräfte bis zu 32 G messen können. So werden Bewegungsablauf sowie Aufprallbeschleunigung gemessen und ausgewertet.[54] Befinden sich diese Messwerte nicht im Normalbereich, so wird der/ Nutzer*in benachrichtigt.

Der neue Blutsauerstoff Sensor, der mit der Apple Watch Series 6 kam, besteht aus vier LED Clustern und vier Photodioden. Dieser Sensor ist im überarbeiteten Kristall auf der Rückseite der Apple Watch integriert und arbeitet zusammen mit der Blutsauerstoff App. Grüne, rote und infrarote LEDs leuchten in die Blutgefäße im Handgelenk worauf die Photodioden messen, wie viel Licht zurückgeworfen wird. Daraufhin berechnen Algorithmen die Farbe des Blutes, woraus sich die Menge des vorhandenen Sauerstoffs schließen lässt.[55]

3.1.3 Interaktion zwischen Mensch und Apple Watch

Die Interaktion zwischen dem/der Nutzer*in und der Apple Watch gestaltet sich simpel. Voraussetzung für das Nutzen der Gesundheitsfunktionen sind eine Apple Watch, ein iPhone 6 oder neuere sowie die aktuellste Softwareversion. Jede Funktion kann in der Health App individuell vom/von der Nutzer*in konfiguriert werden. Mitteilungen können grundsätzlich manuell ein- oder ausgeschaltet werden. Bei der Messung der Herzfrequenz kann in der Health App auf dem iPhone die Anzahl der Schläge pro Minute, also der BPM, auf hohe sowie niedrige Herzfrequenzen an den/die Nutzer*in angepasst werden.[56] Ebenso wie die Messung der Herzfrequenzen kann die EKG App über die Health App manuell eingerichtet werden. Um hier ein genaueres Ergebnis zu erhalten, öffnet sich die EKG App auf der Apple Watch. Man muss seinen Arm auf einen Tisch oder den Oberschenkel legen und einen Finger der Hand, an der man nicht die Uhr trägt, auf die Digital Crown. Dann wartet man bis die Apple Watch das EKG aufgezeichnet hat. Am Ende der Aufzeichnung erhält der/die Nutzer*in eine Klassifizierung der aufgezeichneten Daten, die nun »Symptomen hinzugefügt« und/oder »gesichert« werden können. Nachdem der/die Nutzer*in anschließend auf »Fertig« tippt, können die Daten zu jeder Zeit in der Health App auf dem iPhone eingesehen werden.[57]

---

[54] Vgl. Aerzteblatt, 2018.
[55] Apple: Apple Watch Series 6, (o.J.).
[56] Vgl. Apple: HT208931, (o.J.).
[57] Vgl. Apple : Guide Watch, (o.J.).

Wie bereits im vorigen Unterpunkt erwähnt, kann die Apple Watch Stürze erkennen und dabei helfen, den Rettungsdienst zu benachrichtigen. Bewegt der/die Nutzer*in sich länger als ein paar Minuten nicht, so wird ein Countdown von 30 Sekunden eingeleitet, der währenddessen auf das Handgelenk des/der Nutzer*in tippt und einen Alarmton absendet. Dabei wird der Alarmton stetig lauter, sodass der/die Nutzer*in oder jemand in der Nähe ihn hören kann. Soll der Rettungsdienst nicht angerufen werden, kann der/die Nutzer*in einfach auf »Abbrechen« auf der Apple Watch tippen. Wird diese Funktion nicht vor dem Ablauf des Countdowns getätigt, wird der Notruf automatisch eingeleitet. Ist die Telefonverbindung mit dem Notdienst aufgebaut, informiert die Apple Watch diesen, dass sie einen schweren Sturz erkannt hat. Danach gibt die Apple Watch die Koordinaten des/der Nutzer*in in Breiten- und Längengraden an. Der Notfallpass kann mit dem Notdienst geteilt werden, sofern dies zuvor in den Einstellungen aktiviert wurde. Die Nachricht für den Notdienst wird so lange abgespielt, bis der/die Nutzer*in oder jemand aus seinem Umfeld auf »Nachricht stoppen« tippt. Stürze werden automatisch in der Health App aufgezeichnet, außer der/die Nutzer*in antwortet, dass er nicht gestürzt ist. Je aktiver der/die Nutzer*in ist, desto wahrscheinlicher ist es, er/sie eine Sturzerkennung auslöst, diese können jedoch häufig fehlerhaft sein.[58]

3.1.4 Expertenmeinungen

Beim Verwenden der Gesundheitsfeatures der Apple Watch, ergeben sich häufig die selben Fragen: Denken Ärzt*innen, es ist eine gute Idee die Funktionen der Apple Watch zu benutzen? Werden die Features von den Nutzer*innen korrekt angewendet? Oder geben wir den Menschen all diese Informationen, die sie gar nicht verstehen? Am Beispiel der EKG App soll im Folgenden klar gemacht werden, was Expert*innen bzw. Ärzt*innen von den Gesundheitsfeatures der Apple Watch halten.

Der YouTube-Kanal »Verge Science« befragt zu diesem Thema den Arzt und Kardiologen Dr. Gregory Marcus von der University of California San Francisco (UCSF). Zum Vergleich führt Dr. Marcus zunächst ein professionelles EKG in seiner Praxis durch. Hier lässt sich auf den ersten Blick feststellen, dass das professionelle EKG mit 12 verschiedenen Messwerten die Apple Watch mit nur einem Messwert um Längen übertrumpft. So stellt das professionelle EKG nicht nur mehr Daten zur Verfügung, sondern kann auch die genaue Stelle definieren,

---

von der mögliche Probleme ausgelöst werden. Zwar soll die Apple Watch lediglich zur Einschätzung dienen, die den/die Nutzer*in an eine*n Expert*in weiterleitet. Jedoch können fehlende Präzision zu falschen Einschätzungen und einem typischen »Data Overload« führen, was Unsicherheiten unter den Nutzer*innen hervorrufen kann. So können immer mehr gesunde Menschen eine Fehlbehandlung erleiden, da sie aufgrund von Fehleinschätzungen der Apple Watch zu einer Behandlung bzw. einem Arztbesuch »gedrängt« wurden.[59]

Dr. Marcus erklärt, dass es durchaus vorkommen kann, dass auch ein gesunder Mensch kurzweilig an einem unregelmäßigem Herzrhythmus »leiden« kann (ohne es zu bemerken). Dies sind jedoch Phänomene, die ganz banal und normal sind und sollte daher von gesunden Menschen nicht beachtet werden. Die Funktionen der Apple Watch können aber auch durchaus hilfreich sein. Allerdings nur für eine Zielgruppe ab 65 oder Menschen, die an zu hohem Blutdruck, Diabetes o.ä. leiden. Da die Hauptzielgruppe der Apple Watch meist jüngere Menschen sind, die wahrscheinlich meist sowieso schon auf ihre Gesundheit achten, finden die Funktionen der Apple Watch keinen sinnvollen Nutzen.[60] Es ist also gerade für gesunde Menschen ohne Vorerkrankung und unter 65 absolut nicht notwendig die Gesundheitsfunktionen der Apple Watch zu nutzen. Sollte man dies trotzdem tun, dann dürfen die Daten nicht zu ernst genommen werden. Denn bisher ist noch nicht belegt, dass die Apple Watch besonders zu der Diagnose von Herzerkrankungen beigetragen hat. Ärzt*innen wissen noch nicht wie effizient sich die Apple Watch bewähren wird, da diese Features relativ neu sind.[61]

3.1.5 Datenschutz

Mit Hinblick auf den Datenschutz ist Apple bekanntlich gut vertreten. So sagt Apple selber: »Privatsphäre ist ein Grundrecht. Und Datenschutz zählt bei Apple zu den Kennwerten.«[62] Und es stimmt, Apple bietet seinen Nutzer*innen eine Bandbreite an Einstellungen für individuell Datenschutzmaßnahmen. So bietet Apples Suchmaschine Safari einen Tracking-Schutz, der vor unerwünschten Werbeanzeigen schützt. Das Kartenfeature von Apple speichert nicht die Orte, die ein*e Nutzer*in bereist hat – anders als Google-Karten. Und auch die

---

[59] Vgl. Verge Science, 2019.
[60] Vgl. Verge Science, 2019.
[61] Vgl. Verge Science, 2019.
[62] Apple: Privacy, (o.J.)

Daten auf der Health App sollen nur für den/die Nutzer*n eingesehen werden können.[63] All das klingt nach einem ordentlichen und fairen Datenschutzgesetz gegenüber den Nutzer*innen von Apple Produkten. Doch egal wie toll der Datenschutz von Apple beschrieben wird, müssen wir uns im Klaren sein, dass Apple Milliarden von Daten empfängt und diese Daten auf Festplatten gespeichert sind. Diese Daten werden vermutlich heute noch nicht ausgenutzt, dies könnte in Zukunft allerdings geschehen. Genau kann dies nicht prognostiziert werden. Aber durch die Menge an Daten, die Apple auf ihren Servern besitzt, könnte das Unternehmen eine riesige Macht über die ganze Welt verteilt ausüben. Dabei sind Gesundheitsdaten sensiblere Themen im Unterschied zu Fotos aus dem Urlaub. Wohin uns Apples Einsatz von Künstlicher Intelligenz bringen kann, ist wahrscheinlich unglaublich, aber nicht absehbar. Wichtig ist, dass wir unsere Daten mit Bedacht freigeben, um eine Kontrolle weitestgehend zu vermeiden – wenn diese nicht schon längst an den Internetgiganten abgegeben wurde.

---

[63] Vgl. Apple: Privacy, (o.J.)

4. Ethik und Werte in Bezug auf Künstliche Intelligenz

In meinen Erläuterungen zuvor bin ich bereits einige Male darauf eingegangen wie wichtig es ist, KI zu hinterfragen und ihr Grenzen zu setzten. Denn ob man es will oder nicht, mit der Nutzung von KI gehen zwangsläufig Diskurse bezüglich Ethik und Werte einher. Im Folgenden wird sich kritisch mit der KI auseinandergesetzt und in Hinblick auf die Werte und Ethik des Menschen analysiert.

Wie bereits in Kapitel »3.1.4 Expertenmeinungen« erläutert, birgt die Apple Watch die Gefahr des »Data Overload« und damit den Drang sich selbst stets kontrollieren zu müssen. Dies kann zu Fehldiagnosen und einer mentalen Unruhe führen. Zudem werden alle gesundheitlichen Daten auf den Servern von Apple gespeichert. Auch wenn diese Daten angeblich heute nicht ausgenutzt werden, birgt eine Datenmenge von solcher Größe ein Risiko für die Zukunft. Ein Server voller Daten kann einfach in falsche Hände geraten. So könnten beispielsweise Gesundheitsdaten an Krankenkassen verkauft werden, die diese als Referenz für mögliche finanzielle Unterstützungen bei Behandlungen oder Rezepten, verwenden können. Dies führt dann zu einer Überwachung der Krankenkassen bzw. des Staates. Denn all unsere Handlungen können überwacht und gegen uns verwendet werden. Hat eine Familie also nicht die finanziellen Möglichkeiten sich frische Bio-Produkte im Supermarkt zu leisten, so könnte ihnen das bei den Krankenkassen als Nachteil angerechnet werden. So wird ganz »unauffällig« selektiert und die Gesellschaft in Gruppen eingeteilt, woraus soziale Minderheiten entstehen. Insgesamt ist es notwendig zum Thema KI ethische Vorgaben zu definieren. Diese werden im Folgenden dargestellt und analysiert.

Künftig werden Maschinen nicht mehr von den Menschen lernen, sondern andersherum. Denn die KI entwickelt sich rasant und wird bald kaum noch vom Menschen nachvollziehbar sein. So fürchten Experten wie der bereits verstorbene Physiker und Astrophysiker Stephen Hawking sowie der Tech-Unternehmer Elon Musk eine mögliche Superintelligenz könne zu einer existenziellen Herausforderung der Menschheit werden. Dabei leugnen sie nicht die Vorteile der KI – zumal ihre Arbeit selbst davon abhängig ist/war – jedoch warnen sie vor einem möglichen Wettlauf mit einer Superintelligenz, die der Mensch wahrscheinlich verlieren würde. So hat sich die Auseinandersetzung der ethischen Dimensionen von KI zu einer gesellschaftlichen und einer politischen Debatte entwickelt. Denn die KI greift tief in unsere

zahlreichen gesellschaftlichen Schichten ein und verändert damit unsere Wertschöpfungs-
prozesse, unsere private Kommunikation und die Interaktion der Menschen. Daher stellt sich
die Frage, was diese KI mit unserer Gesellschaft macht und in welcher Form wir Veränderungen zulassen bzw. diese tolerieren können. Nicht ohne Grund besteht ein deutscher
Ethikrat oder die nationale Datenschutzbehörde in Frankreich, die sich intensiv mit solchen
Fragestellungen auseinandersetzten. Die Frage um den ethischen Aspekt in der KI geht schon
längst über Behörden und Unternehmen hinaus und ist längst eine breitdiskutierte gesell-
schaftliche Debatte geworden.[64]

Der zentrale Nutzen der KI ist einfach gesagt, die Fähigkeit ohne menschliche Hilfe autonom Entscheidungen zu treffen und den Menschen dabei in vielen Bereichen unseres Lebens
zu unterstützen oder gar zu ersetzten. Doch nun stellt sich die Frage, in wie weit eine Maschine autonom entscheiden sollte und welche Konsequenzen für Mensch und Umwelt dabei
entstehen könnten. Ethisch relevant sind vor allem die negativen Folgen der KI, in denen
Menschen und Dinge zu Schaden kommen.

Dabei entsteht der erste wichtige Diskurs, der die Verantwortlichkeit bei möglichen Schäden definieren soll. Also wer haftet für mögliche Schäden und wer kann verantwortlich gemacht werden? Ein gutes Beispiel gibt das autonome Fahren. Denn bei der Schadensentste-
hung kann weder der menschliche Passagier eines autonomen Fahrzeugs verantwortlich gemacht werden, da er/sie keine Macht über das autonome Fahrzeug verfügt, weder der/die
Programmierer*in, der die Anfangsversion der Software geschrieben hat, die sich aber selbst-
erlernend weiterentwickelt hat. Hier kann nicht eindeutig geklärt werden, wer der/die Ver-
ursacher*in und damit auch der/die Verantwortliche ist. Was zur Folge hat, dass Betroffene
nicht ausreichend oder überhaupt nicht entschädigt werden können. Daher hat sich die
Ethikkommission zum autonomen Fahren durch das Bundesministerium für Verkehr und digitale Infrastruktur in Deutschland gebildet, die die Einführung einer Pflichtversicherung
beim autonomen Fahren fordert. Des Weiteren ist zu definieren, nach welchen Kriterien autonome Entscheidungen zustandekommen. Denn grundsätzlich gilt – beim autonomen Fahren – dass Sachschäden dem Personenschaden vorzuziehen sind. Wo es jedoch komplexer

---

[64] Vgl. Wittpahl, V. (Hrsg.), 2018, S. 239 f.

wird, sind Entscheidungen, die Menschen möglicherweise in verschiedene Gruppen mit un-
terschiedlichem Schutz einteilen könnte – z. B. eine Gruppe von kleinen Kindern sollte eine
höhere Priorität haben, als zwei Senioren. Dies ist jedoch ein massiver Eingriff in die Würde
des Menschen und darf laut Ethikkommission nicht gegeben werden. Um die Basis von Entscheidungen nachvollziehen zu können, müssen Entscheidungsprozesse also transparent ge-
halten werden. Doch Transparenz im Kontext mit Ki ist keine leicht zu lösende Aufgabe,
denn selbstlernende Systeme lassen eine Nachvollziehbarkeit kaum zu. »Damit sind auch
mögliche diskriminierende Kriterien nicht sichtbar.«[65] Daher müssen Kontrollsystem entwickelt werden, um im Nachhinein die Entscheidungsfindung rekonstruieren zu können.[66]

Darüberhinaus geht es beim dem Diskurs um die Rolle des Menschen, also wie sich das
Zusammenleben und -arbeiten zwischen Mensch und Maschine und das sukzessive Übertra-
gen von Aufgaben des Menschen an die Maschine gestalten. Risiken wie diskriminierende
Algorithmen, nicht steuerbare autonome Systeme, in öffentlichen Diskussionen dominie-
rende Chatbots, KI-Anwendungen zu kriminellen Zwecken oder die Gefahr intelligenter
Waffensysteme sind allgegenwärtig und führen zu einer existenziellen Konkurrenz zwischen
Mensch und Maschine. Die Frage ist: Wer behält die Oberhand? Um solch eine Konkurrenz
vorzubeugen oder einzudämmen, müssen klare Regeln und Kontrollen der KI eingeführt werden, die dem Menschen nur sukzessiv Aufgaben abnehmen darf. Dabei müssen ethische Kom-
missionen mögliche Risiken benennen, technologische Möglichkeiten jedoch nicht einschränken.[67] »Der Aufbau von Überwachungsstrukturen, von Standards und Sanktionsmus-
tern ist darum die Grundvoraussetzung für eine ethische verantwortungsvolle Nutzung.«[68]
Für eine internationale Vernetzung müssen globale Standards für KI etabliert werden, um sie
zu demokratisieren und weniger auf Eliten zentriert zu gestalten. Dabei wird die einfachste
Lösung eine komplette Überwachung der KI sein. Dies wird jedoch langfristig nicht möglich
sein, da immer weniger Entscheidungssituationen unvorhersehbar sein werden und damit
auch die Programmierbarkeit von Handlungsmustern.[69] »Dafür müssen Maschinen grundsätzlich in die Lage versetzt werden, mit ihrer Umwelt zu interagieren [und] ihr Handeln an
sich ändernde Bedingungen anzupassen [...].«[70]

---

[65] Wittpahl, V. (Hrsg.), 2018, S. 242.
[66] Vgl. Wittpahl, V. (Hrsg.), 2018, S. 240 ff.
[67] Vgl. Wittpahl, V. (Hrsg.), 2018, S. 242 f.
[68] Wittpahl, V. (Hrsg.), 2018, S. 242.
[69] Vgl. Wittpahl, V. (Hrsg.), 2018, S. 243 f.
[70] Wittpahl, V. (Hrsg.), 2018, S. 244.

Veränderungen bekannter Verhaltensmuster als auch das Aufgabenverhältnis im Zusammenleben und -arbeiten bleiben allerdings nicht folgenlos für das Rollen- und Selbstverständnis des Menschen. So können solche Veränderungen in neue Identitäten oder neue Sozialisationsformen erzeugen. Das bedeutet, dass man mit Einflüssen, seitens der KI, sogar auf die Persönlichkeitsentfaltung rechnen muss. So kann es dazu kommen, dass der Mensch sich und seine Fähigkeiten hinterfragt und mit denen der KI vergleicht, was zu einer Unterschätzung eigener Fähigkeiten führen kann. Doch was definiert eigentlich Intelligenz und welche Aspekte davon machen uns zu Menschen? Laut Wittpahl prägt die materielle Dimension der Identität die Art, wie Menschen durch diesen Umgang ihre Persönlichkeit finden und ausdrücken können. Erst durch die Interaktion mit materiellen Dingen, kann der Mensch sich zuordnen. Nach dieser Perspektive entstehen kulturelle Typen.

Es ist zu befürchten, dass mit KI die körperlich-materielle Erfahrung der Welt und die des eigenen Selbst von einer austauschbaren und sterilen Inszenierung »perfekten« Selbst ausgetauscht wird. Denn KI kann nicht die Ecken und Kanten der Menschheit verstehen bzw. rekonstruieren, die uns doch so besonders und einzigartig machen. Mit dieser Inszenierung des »perfekten« Menschen wird das materielle Erbe des Menschen verloren gehen. So simulieren Sprachassistenten wie Siri und Alexa bereits einen emotionslosen Austausch, der aus ethischer Perspektive für unsere Kommunikation hochgradig bedenklich ist.[71]

Der manipulative Charakter der KI wirft viele ethische Fragen und Diskussionen auf, wie wir unsere persönliche Identität und unsere Gesellschaft unter Einfluss dieser Technologie bewahren können. Dabei ist die Technologie an sich nichts Schlechtes, jedoch birgt sie Gefahren, die uns als Menschen grundlegend verändern oder beeinträchtigen können. Aus Sicht einer utopischen Welt ist KI eine Innovation, die kaum übertroffen werden kann, so kann die KI den Menschen in vielen Aufgaben unterstützen oder diese sogar ersetzen. Doch die Fragen, die wir uns konstant stellen müssen ist: Wollen wir ein »perfektes« Leben? Was macht unser Leben lebenswert? Sind es nicht die Ecken und Kanten unserer Selbst und die unserer Gesellschaft?

---

[71] Vgl. Wittpahl, V. (Hrsg.), 2018, S. 247.

5. Résumé

In dieser Hausarbeit habe ich mich mit der Frage auseinandergesetzt, inwiefern die Apple Watch als Gesundheitsbegleiter ein Leben bereichern und unterstützen kann. Dabei bin ich zunächst ausführlich auf den Kern der KI eingegangen, woraufhin ich die technischen als auch die interaktiven Umstände beim Nutzen der Apple Watch analysiert habe. Abschließend habe ich die Apple Watch und die KI an sich in Bezug auf Ethik und Werte analysiert und ausgewertet.

Auffällig bei der Apple Watch ist, dass sie den Großteil ihrer Nutzer*innen nicht bereichert, da diese nicht den Risikogruppen angehören und somit die Ergebnisse nicht vertrauenswürdig und das Auswerten überflüssig macht. Expert*innen warnen davor, die Gesundheitsfunktionen der Apple Watch als gesunder Mensch zu exzessiv zu nutzen, da sonst ein »Data Overload« erfolgen könnte, der einen mentalen Druck auf den/die Nutzer*in ausüben kann. Die Sensoren der Apple Watch können zwar ganz unauffällig und mobil Gesundheitsdaten wie die Herzfrequenz messen, allerdings sind solche Messungen meist unzureichend und nicht vertrauenswürdig. Zur Prävention oder zum Austausch in der Nachsorge können diese Funktionen der Apple Watch sicherlich hilfreich sein, jedoch ist immer wieder deutlich zu sagen, nur für Risikogruppen. Expertenmeinungen machen die Apple Watch für einen gesunden Menschen unter 65 also zu einem überflüssigem Gesundheitsgagdet.

Ethisch betrachtet ist die Nutzung der Apple Watch fragwürdig und mit Vorsicht zu behandeln. KI-Anwendungen im Allgemeinen bergen stets die Gefahr ausgenutzt zu werden. Bei der Nutzung der Apple Watch könnte es also zu einer Überwachung durc die Krankenkassen kommen, die die Gesellschaft spaltet und ethische Minderheiten wachsen lässt oder neu definiert.

Grundsätzlich lässt sich sagen, dass der Einsatz von KI-Anwendungen in Zukunft eine immer größere Rolle spielen wird. Wie weit die KI in Zukunft zu einem bestimmten Zeitpunkt entwickelt ist, lässt sich kaum prognostizieren. Sicher ist jedoch, dass KI-Anwendungen zugleich große Chancen als auch Risiken bergen, weshalb ethische Bedingungen vorab definiert werden müssen. Die Entwicklung der Apple Watch befindet sich sicherlich auf dem richtigen Weg, doch die Nutzung dieser verlangt gegenüber ihren Nutzer*innen noch viel mehr Aufklärung.

Liteaturverzeichnis

Gardner, H.: Frames of Mind: The Theory of Multiple Intelligences. 3. Aufl., New York 2011.

Kreutzer R. T.; Sirrenberg, M.: Künstliche Intelligenz verstehen: Grundlagen – User Cases – unternehmenseigene KI-Journey. Wiesbaden 2019.

Luber, S.; Litzel, N.: https://www.bigdata-insider.de/was-ist-ein-expertensystem-a-819539/.16.02.2021.

o.A.: https://support.apple.com/de-de/guide/watch/apdea4c50a57/watchos. 16.02.2021.

o.A.: https://support.apple.com/de-de/HT204666. 16.02.2021.

o.A.: https://support.apple.com/de-de/HT208931. 16.02.2021.

o.A.: https://support.apple.com/de-de/HT208944.16.02.2021.

o.A.: https://support.apple.com/de-de/HT208955. 16.02.2021.

o.A.: https://www.aerzteblatt.de/nachrichten/97851/EKG-Messgeraet-und-Sturzerkennung-in-neuer-Apple-Watch-eingebaut. 16.02.2021.

o.A.: https://www.apple.com/de/apple-watch-series-6/. 16.02.2021.

o.A.: https://www.apple.com/de/healthcare/. 16.02.2021.

o.A.: https://www.apple.com/de/healthcare/apple-watch/. 16.02.2021.

o.A.: https://www.apple.com/de/privacy/. 16.02.2021.

Verge Science: https://www.youtube.com/watch?v=uCT4IaFK_jM. 16.02.2021.

Wittpahl, V. (Hrsg.): Künstliche Intelligenz: Technologie, Anwendung, Gesellschaft. Wiesbaden 2018.

Abbildungsverzeichnis

BEI GRIN MACHT SICH IHR WISSEN BEZAHLT

- Wir veröffentlichen Ihre Hausarbeit,
  Bachelor- und Masterarbeit

- Ihr eigenes eBook und Buch -
  weltweit in allen wichtigen Shops

- Verdienen Sie an jedem Verkauf

Jetzt bei www.GRIN.com hochladen
und kostenlos publizieren